UNE VISITE

AU ROI

LOUIS-PHILIPPE.

Typ. de COSSON, 47, rue du Four-St-Germain.

UNE VISITE

AU ROI

LOUIS-PHILIPPE

... Sed quid
Turba?... Sequitur fortunam, ut semper, et odit
Damnatos.

(JUVÉNAL.)

NEUILLY,

ÉCLANCHER, ÉDITEUR.

EN VENTE A PARIS,

CHEZ MARTINON,	CHEZ DUTERTRE,
rue du Coq-Saint-Honoré, 4.	Passage Bourg—l'Abbé, 20.

1849

Novembre 1848.

C'était au commencement de novembre 1848; des
affaires d'intérêt m'appelaient à Londres. Un ami de
la famille d'Orléans me demanda si je voulais me charger de quelques lettres destinées au vieux roi et aux
princes. Il s'agissait, me dit-il, de mettre ces lettres
à la poste, dès mon arrivée à Londres. J'acceptai la
proposition avec empressement.

A peine à Londres, je lis dans un journal:

« Un accident, qui pouvait avoir les suites les plus
» funestes, vient de répandre le deuil dans le château
» de Claremont. Par suite de l'oxydation des conduits
» destinés à faire circuler l'eau dans toutes les parties
» de l'habitation, quelques-uns des membres de la fa-

» mille d'Orléans sont atteints d'une indisposition qui,
» on l'espère, n'aura rien de grave, mais dont les pre-
» miers symptômes avaient un caractère des plus alar-
» mants. »

Une heure après avoir lu ces lignes, j'étais à l'em-
barcadère du chemin de fer, et je prenais mon billet
pour Claremont.

Une fois en route, je me demandai si le mouvement
qui m'avait poussé à venir moi-même apporter les
lettres, dont je devais charger la poste, n'était pas
quelque peu imprudent.

Après quelques secondes de réflexion, je me dis
que, selon toutes les probabilités, j'avais entrepris
une course dont je n'atteindrais pas le but, et cela par
une foule de raisons.

D'abord, je ne sais pas un mot d'anglais. Première
difficulté.

Ensuite, il n'y avait pas à espérer que le château
de Claremont allait justement se trouver à la station où
je descendrais. Il faudrait donc le chercher. Deuxième
difficulté.

Puis, si j'étais assez heureux pour trouver ce château, me recevrait-on moi inconnu, n'ayant d'autres
titres que celui de Français? Les concierges, les huis-
siers, les valets de pied, me permettraient-ils de passer? Qui verrais-je? Verrais-je quelqu'un?

Toutes ces questions ne laissaient pas de m'em-
barrasser. Mais j'étais parti, il n'y avait plus à hé-
siter.

Vous allez voir que j'avais tort de m'inquiéter, et qu'après tout il y a une Providence.

Arrivé à la station, je me trouve entouré de cochers qui me crient à tue-tête :

« Clèremonn't ! Clèremonn't ?... » Je devine tout de suite, avec cette intelligence native dont est doué tout Français, que *Clèremonn't* doit signifier *Claremont;* je monte, sans dire mot, dans une voiture qu'on m'offre, et je me laisse conduire.

Il y avait quinze minutes au plus que la voiture parcourait les chemins les plus charmants, les mieux peignés, les plus solitaires, les plus droits que puisse rêver l'imagination d'un poète d'opéra comique, quand je m'aperçus que nous allions entrer dans un domaine confortable, dont la grille était ouverte à deux battants. Je me dis que cette grille était sans doute celle de Claremont, et je prévis que les obstacles redoutés par moi allaient se présenter. En effet, comme la voiture franchissait le seuil de la grille, une honnête figure de concierge sortit d'un petit pavillon que je n'avais pas remarqué, et se prit à nous regarder d'un air mi-partie bienveillant et curieux.

Comme mon cocher continuait sa route, sans paraître s'inquiéter des regards du concierge, je crus devoir, pour l'acquit de ma conscience, mettre la tête à la portière et crier :

« Je suis un Français qui... »

Mais la voiture courait toujours; elle ne me permit pas d'achever la phrase commencée... Il faut croire que le concierge n'avait pas grande envie d'en savoir davantage, car il se contenta de me faire un signe de la main, qui semblait vouloir me dire :

« Vous êtes Français, cela suffit, vous êtes chez
» vous !... »

L'allée que nous parcourions était longue et tortueuse. Je tenais les yeux constamment fixés devant moi, attendant une rencontre quelconque de garde ou de domestique. Mais je n'apercevais pas un être humain.

Le dernier abri de la royale famille semblait appartenir à qui voulait y pénétrer.

Et il était facile de conjecturer que très peu d'adorarateurs fidèles avaient profité de la permission, car au bruit sourd que faisaient les roues de la voiture en glissant sur le sable, quelques grands bœufs, nonchalamment couchés sur l'herbe des prairies qui bordent l'avenue, relevèrent leur tête inquiète, quelques moutons, occupés à paître, s'arrêtèrent attentifs, comme si l'arrivée d'un visiteur eût été pour eux un évènement.

Enfin, la voiture s'arrête.

Mon cocher m'ouvre la portière et me dit quelques mots d'anglais, auxquels je me garde bien de répondre.

Mais comme je me trouve au pied d'un large perron, dont personne ne garde l'approche, comme au-dessus des quelques marches dont il se compose, de vastes portes vitrées semblent prêtes à s'ouvrir devant moi, je franchis les quelques marches, je pousse la porte demi-close, et me voilà sous un vestibule, dans un coin duquel dormait paisiblement un domestique à la livrée d'Orléans. Je vais à lui, je l'éveille, et je demande s'il n'est pas possible de parler à l'un des aides-de-camp du Roi.

— Votre nom, monsieur ?

Voici ma carte, mais mon nom est inconnu ici. Cependant, comme j'apporte pour le Roi et pour les princes des lettres qui m'ont été confiées par M. X..., peut-être me sera-t-il permis de profiter de la circonstance pour avoir des renseignements positifs sur la santé de la famille royale.

—Si monsieur veut avoir la bonté de me donner les lettres dont il est porteur, je les remettrai tout de suite au Roi, et j'avertirai en même temps le général D... qui, sans doute, se hâtera de venir fournir à monsieur les renseignements qu'il désire.

Je donnai mes lettres, on me fit passer dans la bibliothèque, en me priant de patienter quelques minutes, attendu qu'en ce moment le général D... se trouvait auprès de M. Vatout, dont l'état était désespéré.

J'avais à peine eu le temps de m'asseoir, qu'une porte s'ouvrit, le Roi parut.

Il tenait ma carte à la main, et m'interpellant par mon nom :

« Bonjour, monsieur L... On m'a dit que vous étiez » venu à Claremont, afin d'avoir des nouvelles de notre

» santé à tous ; je vous remercie de cette marque d'in-
» térêt, et je viens moi-même y répondre. Vous n'êtes
» pas trop pressé? Vous avez bien un quart d'heure à
» me donner ? »

— Je suis parfaitement maître de mon temps, et je
serai heureux de le mettre à la disposition de Votre
Majesté.

— Je vous remercie de votre complaisance, j'en pro-
fiterai. Veuillez vous asseoir et causons. Je vois de
temps à autre des Français, des Parisiens ; mais je n'en
vois jamais assez, et cela me fait du bien quand je peux
garder quelques instants ceux qui se souviennent encore
de nous.

— Mais sire, le nombre de ceux-là est grand, je
crois.

— Croyez-vous ? me fit-il d'un air triste.

Puis comme s'il eût voulu s'arracher à une pensée
douloureuse, il reprit en souriant :

— Mais j'oublie que vous êtes inquiet de notre santé...
Vous avez donc lu dans les journaux qu'il y a eu ici
quelques accidents ! Je n'aurais pas voulu qu'on parlât
de cela. C'est une misère, un hasard ; de la mauvaise
eau, et rien de plus.

— Mais Votre Majesté ne paraît pas avoir été indis-
posée, elle a un excellent visage.

— Non, je n'ai pas été malade... et je suis presque le
seul. Mes enfants ont beaucoup souffert et souffrent
encore ; la reine est au lit... moi, je n'ai rien senti.
C'est inexplicable. Au reste, tout cela est peu de chose,

et, Dieu aidant, tout le monde sera sur pied d'ici à quelques jours. Il n'y en a qu'un, je le crains, qui ne nous sera pas rendu.

— Un des fils de Votre Majesté? dis-je avec vivacité.

— Non pas un fils, mais un ami bien cher, car l'adversité l'a trouvé fidèle... Ce pauvre Vatout !... Au reste, il succombe, non à un accident, mais à une maladie organique.

—N'est-il plus d'espoir ?

— Aucun, dit le roi, s'efforçant, mais en vain, de dissimuler les larmes qui brillaient dans ses yeux... Il va mourir loin de la France... Ah ! c'est mourir deux fois, voyez-vous, que mourir dans l'exil !

Et comme le vieux roi remarquait sans doute que l'émotion pénible à laquelle il était en proie avait fini par me gagner, il me dit en tâchant de sourire :

« Je ne voudrais cependant pas que vous fussiez venu ici pour y trouver la douleur ; laissons là les sombres préoccupations de famille et d'intimité, causons de la France... »

—Sire, répondis je, la France est comme un malade atteint d'une affection incurable. Il se tourne, se retourne sur son lit de douleur, et s'efforce de se soustraire à ses maux en cherchant une position nouvelle. Malheureusement rien ne le calme. Bientôt la situation qui lui semblait bonne, quand il ne l'avait pas, lui paraît atroce, dès qu'il l'a prise; alors il y renonce, il en reprend une autre qu'il avait trouvée intolérable, et que tout-à-l'heure il abandonnera, la trouvant plus intolérable encore.

— Pauvre France ! » dit le roi.

Et appuyant sur sa main ce visage dont la vieillesse et le malheur n'ont pas altéré les grandes lignes, si fermes et si vigoureusement accentuées, il garda le silence.

Tout-à-coup il reprit, comme s'il eût achevé tout haut une pensée commencée tout bas.

Et que disent-*ils* de moi ?

— De qui parle Votre Majesté ? De ses amis ou de ses ennemis ?

— Oh ! mes ennemis, je sais ce qu'il pensent, et je ne m'en inquiète guère ; mais ce sont les sentiments de mes amis qui me préoccupent.

J'hésitais à répondre. Le roi s'en aperçut, et me frappant sur le genou avec une bienveillante familiarité :

« Croyez-vous, me dit-il, que je ne sache pas entendre la vérité ? Elle ne m'a fait peur en aucun temps, et maintenant plus que jamais j'ai le droit de la connaître... Allons, parlez !

— Eh bien ! sire, dis-je nettement, vos amis se plaignent de ce qu'au mois de février vous avez trop tôt abandonné la partie...

Le roi fit un bond sur sa chaise, et avec une vivacité qu'on n'eût pas cru pouvoir attendre de son âge, il s'écria :

« Voilà deux fois en vingt-quatre heures que j'entends le même reproche ! Eh bien, à vous comme à Z..., qui, arrivé hier de Paris, m'a tenu le douloureux langage que vous me tenez en ce moment, je répondrai :

» Jamais reproche ne fut plus immérité! Mais on ne sait donc pas comment les choses se sont passées? On ne sait donc pas que tout le monde, ministres, amis, serviteurs, *tout le monde*, enfin, m'a dit : Si vous cédez, *pas une goutte de sang français ne sera versée!* On ne sait donc pas que c'est avec cette même parole que, d'abord, on m'a fait changer le ministère? On ne sait donc pas qu'avec cette même parole on a obtenu mon abdication? Et pouvais-je, devais-je faire autrement que je n'ai fait ?

» On m'avait montré la guerre civile au moment d'éclater ; je n'ai pas voulu de la couronne au prix de la guerre civile ! On m'avait dit :

» — « La garde nationale demande la *réforme ;* si on la
» lui refuse, le sang coulera...... Non pas le sang des
» émeutiers quand même, des fauteurs de désordre ; mais
» le sang du vrai peuple, le sang de la garde nationale,
» le sang des travailleurs et des honnêtes gens ! A cette
» garde nationale, à ce peuple de travailleurs et d'hon-
» nêtes gens qui, à tort ou à raison, nous n'en savons
» rien, réclament la *réforme*, donnez un ministère *ré-*
« *formiste*, et tout sera fini, tout !... Il ne sera pas
» même tiré un coup de fusil ! »

» Alors j'avais signé, et j'avais donné l'ordre de faire retirer les troupes, afin d'éviter jusqu'au prétexte d'une collision. Dès que j'eus signé cela, tout le monde s'écria, — vous entendez ? *tout le monde*, — que l'insurrection n'existait plus, et qu'en moins de quelques heures le calme allait renaître. Il n'en fut rien ! Bientôt on revint à moi, et l'on me dit que la garde nationale, exaspérée, ne se contentait plus d'un ministère Thiers-Barrot, que c'était mon abdication qu'il lui fallait.

» On ajoutait, il est vrai, que la lutte était possible, que la victoire resterait aux troupes, mais qu'elle coûterait cher, car il ne s'agissait pas seulement d'une émeute à dompter, mais d'une guerre civile !... Ce mot me suffit, je signai mon abdication ; je la signai au profit de mon petit-fils, et je la signai sans regrets. Je demandai ensuite s'il était encore quelque chose qu'on exigeât de moi. On me répondit que je devais déclarer la régence de la duchesse d'Orléans. Jusque-là, j'avais dit oui à tout ce qu'on m'avait demandé, au nom de l'intérêt de la France, car tout ce qu'on m'avait demandé n'était qu'une atteinte à mes droits; mais on allait plus loin, on voulait une atteinte à la LOI, je résistai.

» — « Ce que vous exigez-là, dis-je, est une illégalité,
» je ne m'y associerai pas. Vous avez fait une loi de ré-
» gence, dans laquelle vous avez déféré le pouvoir au
» duc de Nemours. Cela vous convenait alors. J'ai rati-
» fié ce que vous aviez fait. Aujourd'hui la loi qui vous
» convenait ne vous convient plus, et sans vous inquié-
» ter du juste ou de l'injuste, vous voulez violer la loi.
» Je ne m'unirai pas à vous, je ne violerai pas une loi,
» car, quoiqu'on en ait pu dire, jamais, au grand ja-
» mais ! pour aucun motif ! je n'ai commis une illéga-
» lité !... J'aime la duchesse d'Orléans, je connais,

» mieux que personne, et j'apprécie les éminentes qua-
» lités dont elle est douée, mais pour l'élever à la ré-
» gence, il faudrait déchirer une loi, je ne ferai pas cela! »

» On n'insista pas. Alors je reproduisis la question que j'avais déjà faite, et je demandai si on attendait de moi, de mon dévoûment au pays, quelque autre sacrifice. « Votre éloignement, me dit-on. » — Et si je m'éloigne, demandai-je, tout sera fini? — Tout! La garde nationale elle-même défera les barricades. — Mes petits-fils et leur mère ne courront aucun danger, vous me le garantissez? — Aucun! — Je m'éloignerai donc, trop heureux d'empêcher ainsi l'effusion du sang français.

» Voilà, monsieur, comment et pourquoi je suis parti. Voilà comment et pourquoi j'ai abandonné la partie, comme vous dites. Quant à ceux qui attribuent d'autres motifs à mon départ, je ne les comprends pas. Et quels autres motifs aurais-je pu avoir, je vous le demande?

» Des pamphlétaires, des niais, ont parlé de *ma peur!* Mais ils en ont parlé sans y croire. Non, il n'est personne en France, personne en Europe, pas même parmi mes ennemis les plus acharnés, qui ait pu croire un seul instant que le 24 Février j'aie eu peur! Et de qui? Où était le péril pour ma personne? S'il existait, je vous déclare que je ne l'ai pas vu; et si je l'avais vu, il ne m'aurait pas fait reculer. Le péril? Mais j'y suis fait. Je l'ai vu en face et de près. Tout le monde, en France, sait comment je l'affronte...

» — En Roi, sire, on sait cela. On sait que les balles

ont plus d'une fois sifflé à vos oreilles sans que vous ayez jamais pâli , sans que votre admirable sang-froid se soit jamais démenti...

» —Mon Dieu ! fit le roi, ne parlons pas de cela. En France, le courage est une vertu si commune, qu'on aurait mauvaise grâce à se vanter de l'avoir. Ce n'est pas sérieusement qu'on a pu me reprocher d'en avoir manqué. Aussi n'ai-je jamais été bien touché de cette pauvre calomnie. Il en est de celle-là, voyez-vous, comme de tant d'autres, qui sont venues mourir à mes pieds , sans avoir pu m'atteindre ni au cœur, ni au visage. Du reste je ne me suis jamais baissé pour les ramasser, non plus que pour renvoyer à mes ennemis toutes les honteuses accusations dont ils m'ont accablé.

» —La postérité vous vengera, sire.

» — C'est une bonne parole que vous me dites-là, monsieur, elle me console un peu. Car, s'il faut vous parler franchement, la plus grande de mes douleurs, ce n'est pas la perte d'un trône , ce n'est pas même l'exil, c'est l'incroyable silence qu'ont gardé sur moi ceux qui auraient eu tant de choses à dire pour me défendre... Lorsque j'étais au pouvoir on me disait :

» — « Sire, vous êtes la clé de voûte de la paix euro-
» péen ne..... Si vous n'étiez plus là, c'en serait fait
» de la tranquillité du monde. »

» Quand on me parlait ainsi , je souriais avec incrédulité, pensant que je n'avais pas les épaules assez fortes pour qu'elles pussent porter un fardeau aussi lourd que celui de la tranquillité du monde; je me disais:

« Ce sont des flatteurs, ou des amis qui s'exagèrent la
» part que je peux avoir dans le maintien de la paix
» générale. » Eh bien, le jour où cette flatterie a pu
ressembler à une vérité, le jour où mon trône s'écrou-
lant, le feu révolutionnaire a tout-à-coup éclaté d'un
bout de l'Europe à l'autre, en Lombardie, en Sicile, à
Rome, à Vienne, à Berlin, à Munich, en Hongrie, il ne
s'est pas trouvé une voix, une seule ! pour demander :
« Cet homme, que nous venons de condamner à mou-
» rir en exil, n'était-il donc pas pour quelque chose dans
» cette prospérité universelle qui fait place à une ruine
» immense, tout juste au moment où cet homme tom-
» be ? Ne lui est-il dû ni un mot d'adieu, ni un regret,
» ni un souvenir, ni rien ?... »

En prononçant ces dernières paroles, le roi, qui s'était
laissé aller à la véhémence de ses pensées, avait quitté
son siége ; il parcourait la bibliothèque à grands pas,
semblant oublier qu'il y avait là un témoin des épan-
chements intimes dans lesquels s'exhalait son âme tout
entière.

Je suivais d'un regard étonné cet homme aux allures
si vertes, si fortes, dont les journaux radicaux nous di-
saient depuis dix ans :

« Le roi vieillit, le roi est vieux, le roi meurt ! »

J'admirais l'énergie de ce corps de fer, la fermeté de
cette parole vibrante, la vivacité de ces gestes si faci-
les, si larges.

Il paraît que ma figure exprimait la surprise dont
j'étais saisi, car le roi s'arrêtant devant moi, me dit :

« Vous semblez ne pas m'entendre, à quoi pensez-vous ?

» — Je pense, sire, que Votre Majesté avait encore bien des années de bonheur à donner aux Français.

» — Les Français, répondit le roi en souriant, se soucient peu du bonheur ; ils sont si Athéniens qu'ils se lasseraient d'être appelés le peuple heureux, comme Athènes se lassait d'entendre Aristide être appelé le Juste. »

Le Roi craignit sans doute que je ne prisse au sérieux la plaisanterie qu'il s'était permise ; aussi il redevint grave, et se rasseyant auprès de moi, il continua :

« J'ai peut-être le droit d'accuser mes amis ; j'ai peut-être le droit de m'étonner que, parmi tant de journaux français ou étrangers qui, lorsque j'étais roi, me proclamaient le Napoléon de la Paix, il ne s'en soit pas trouvé un, après ma chute, pour dire un peu haut que cette chute était imméritée ; pour dire que j'avais aimé mon pays, et que je lui avais rendu quelques services ; mais je n'ai pas le droit d'accuser le peuple français.

» Il m'a vu tomber, et il est resté indifférent à ma chute ; il m'a vu partir, et mon départ ne l'a point touché.

» C'est tout simple !

» Il y avait dix-huit ans qu'on lui apprenait à mépriser, à détester la personnification de l'autorité, cette sauvegarde du peuple ! Il y avait dix-huit ans qu'on lui disait sous toutes les formes, qu'on lui imprimait dans tous les journaux, que le Roi était un résumé vivant de tous les vices ; que le Roi était un homme cupide et avare ; que le Roi était un homme sans foi, sans vergogne ; que, si on refusait aux classes souffrantes les améliorations qu'elles réclamaient, c'est que la politique du Roi était une politique étroite, dure, personnelle ; c'est que, pour ce cœur sec et impitoyable,

Quand Auguste avait bu, la Pologne était ivre !

» Aussi, lorsque cet homme égoïste refusa de tirer l'épée contre des Français, pour défendre la couronne que des Français lui avaient donnée, lorsqu'il descendit, non sans quelque noblesse, du trône sur lequel l'avait élevé, dix-huit années auparavant, l'acclamation du pays, le peuple crut que la France respirait plus librement ; et sans haine, sans colère, mais avec une conviction profonde, invincible, il dit :

» — «Tous nos maux vont cesser, le Roi s'en va ;
» c'est-à-dire le vice, le despotisme, le malheur du peu-
» ple, la honte du pays, l'autorité enfin, cette peste si-
» gnalée à l'antipathie de la France comme plus re-
» doutable encore qu'elle n'est redoutée, l'Autorité
» s'en va, c'est bien fait !...

» Et encore une fois, le peuple a eu raison de parler ainsi, quand il a vu tomber ce Roi que tout le monde attaquait et que personne n'a jamais défendu...

» — Sire, permettez-moi de rappeler à Votre Majesté qu'en bien des circonstances ses amis, ses ministres l'ont défendue, soit dans les journaux, soit à la tribune.

» — On m'a défendu, dites-vous? Oui, quelquefois, *pro formâ*, en passant, par exception... Mais à fond, mais sérieusement? jamais. Mes ministres songeaient à sauver le portefeuille qui leur avait été confié ; mais ils n'avaient pas le temps de sauver la popularité, la dignité, l'honneur du Roi. Certaines accusations se sont produites contre moi dès les premiers jours de mon règne ; d'un mot on pouvait les réfuter : on les a laissées sans réponse. Aussi elles sont devenues des faits accomplis.

» Pour n'en citer qu'une, je vous rappellerai l'histoire du *Programme de l'Hôtel-de-Ville.*

» Que de fois n'a-t-on pas dit dans les journaux :

» — « Ah ! si le Roi était resté fidèle au programme de » l'Hôtel-de-Ville ! » ou encore : « La France a été trom- » pée le jour où le Roi a juré le *Programme de l'Hôtel-* » *de-Ville.* Si ce programme eût été observé, tout aurait » été pour le mieux. Mais le Roi s'est repenti de l'avoir » adopté, dans un moment où il aurait tout promis, » tout accepté, afin d'avoir le droit de monter sur le » trône, objet de son ambition. »

» Eh bien ! la vérité, c'est que je suis monté sur le trône avec répugnance, avec une sorte de pressenti- ment de l'avenir, et que, pour m'y faire monter, il a fallu les instances de tous ceux en qui j'avais foi ; il a fallu qu'on me prouvât que, moi seul, je pouvais sau- ver le pays des horreurs de l'anarchie.

» Quant au *Programme de l'Hôtel-de-Ville,* je ne l'ai

jamais violé, par une raison fort simple, que vous allez comprendre tout de suite, c'est qu'on ne viole pas ce qui n'a jamais existé.

» —Comment, m'écriai-je, le *Programme de lHôtel-de-Ville* n'a jamais existé?

» — Jamais !

» — Il n'y a pas eu de conventions faites par les 91 députés qui vinrent à l'Hôtel-de-Ville déférer la lieutenance générale au duc d'Orléans?

» — Des conventions ? Aucune ! Des conventions ?... On y songeait bien vraiment ! Je n'étais pas encore Roi, et j'avais déjà des courtisans. Quant à ce qui s'est passé à l'Hôtel-de-Ville, je vais vous le dire : M. Viennet a relu la déclaration de la Chambre des députés, que déjà j'avais entendue et approuvée au Palais-Royal. J'ai répondu, en deux lignes recueillies par le *Moniteur*, que « je déplorais l'effusion du sang, » et ce fut tout.

» — Mais le mot de Lafayette : « Sire, vous serez la meilleure des républiques ! »

» — Ce mot n'a pas même été dit à l'Hôtel-de-Ville ; c'est au Palais-Royal, huit jours auparavant, qu'il a été prononcé. Et je ne l'ai pas laissé sans réponse, car tout de suite, j'ai répliqué : « *Non pas la meilleure des républiques, car la meilleure n'en vaut rien. —Eh! bien alors*, a repris le général Lafayette, *une monarchie entourée d'institutions républicaines ! — Ah ! oui, ai-je répondu, une monarchie entourée d'institutions républicaines, cela me va. Mais de république, point !* Dans tout cela, où est le *Programme*, je vous prie?

» — Je ne le vois nulle part, Sire ; mais pourquoi, durant les dix-huit années du règne de Votre Majesté, n'avoir pas fait justice de cette fantasmagorie de *Programme*, avec laquelle on a tant de fois surexcité les passions ?

» —Ah! pourquoi? C'est là justement la question. Bien souvent, j'ai voulu réfuter moi-même les billevesées répandues à propos de ce prétendu *Programme* ; mais on s'y est toujours opposé.

» — On s'y est opposé? De qui votre Majesté parle-t-elle ?

» — De mes divers ministres.

» — Et la volonté du Roi n'a pas triomphé de celle de ses ministres ?

» —Ah! vous voilà comme tant d'autres ! Vous vous rappelez tout ce qu'on a écrit sur la politique personnelle du Roi, sur l'invincible tenacité du Roi, et vous croyez que ma volonté ne rencontrait pas d'obstacles ! Elle en rencontrait partout, et toujours... Et cela devait être! Et je n'avais pas le droit de m'en étonner... Certes, j'avais mes vues personnelles en politique ; certes, je m'efforçais, quand une question était discutée en ma présence, de faire réussir ce que, dans mon âme et conscience de Roi et de Français, je croyais être la vérité; mais sachez-le bien, mon opinion était toujours combattue, et très vivement combattue, par ceux de mes ministres qui ne la partageaient pas; et lorsque j'avais le dessous, on passait outre. Cela m'arrivait *très fréquemment* dans les grandes questions comme dans les petites ; cela m'arrivait *toujours* dans les questions qui ne concernaient que moi. Ainsi, pour cette histoire du *Programme de l'Hôtel-de-Ville*, j'ai fait des efforts inouïs afin d'obtenir qu'on la réfutât. Je n'ai pas réussi. On m'a toujours promis qu'on saisirait une occasion, et de deux choses l'une : ou l'occasion n'est pas venue, ou l'on n'a pas voulu la saisir, car jamais rien n'a été fait à cet égard. Un jour enfin, fatigué de ces retards interminables, j'écrivis moi-même, de ma main, cette réfutation ; je tâchai qu'elle fût claire, péremptoire, complète, et je la signai : UN BOURGEOIS DE PARIS. Je voulais qu'elle fût imprimée. Mais avant de l'envoyer à l'impression, je résolus de la communiquer à Casimir Périer, afin d'avoir son assentiment. Car, ceci soit dit en passant, j'ai toujours été (vous m'entendez bien : *toujours !*) un Roi scrupuleusement, religieusement constitutionnel. Je l'ai été du 7 août 1830 au 24 février 1848, sans interruption, sans lacune, et j'ajouterai sans regrets... Casimir Périer lut mon travail et le loua beaucoup. « C'était sans réplique, disait-il. » — Alors, repris-je, nous allons faire imprimer cela. — Que le ciel nous en préserve, s'écria-t-il ! Quoi ! le Roi irait se mêler à la polémique ! Le Roi livrerait son œuvre, son nom, sa personne à la discussion ! — Mais je ne signe pas. — Qu'importe ? On saura bien vite que l'écrit a été fait par le Roi, car au temps où nous vivons, tout se sait, surtout ce qu'on a l'air de vouloir dissimuler. On saura donc qu'un *bourgeois de Paris* n'est rien de moins que Sa Majesté Louis-Philippe; alors que d'attaques! Que de sarcasmes peut-être! — Vous avez raison, répondis-je. Mais quel moyen employer? Car, je vous le déclare très franchement, je ne veux pas que ce mensonge ait plus longtemps le droit de circulation : il finirait par devenir une vérité, et il ne faut pas cela! Il ne le faut pas dans l'intérêt de la monarchie, dans l'intérêt de l'autorité, qui a besoin de considération, plus encore que de force. — Eh bien! reprit Casimir Périer, que le Roi me laisse cet écrit, et je promets à Sa Majesté qu'elle aura bientôt pleine et entière satisfaction. — Vous publierez donc cette réfutation?—Je la publierai. —De telle façon qu'elle puisse être lue par la France entière? — Par l'Europe! car c'est du haut de la tribune, c'est, après avoir pris soin de l'intercaler dans un discours important, que je la lirai. — Oh! ceci est parfait, lui dis-je, c'est beaucoup mieux que je ne voulais faire, et je vous remercie d'une si excellente idée. »

» Casimir Périer prit ma réfutation, la mit dans son portefeuille... d'où elle n'est jamais sortie.

» — Et Votre Majesté n'a pas réclamé la réalisation de la promesse que le ministre lui avait faite?

» — Je l'ai réclamée très souvent, au contraire ; mais il m'a toujours été répondu qu'on attendait l'occasion, cette exception, ce *rara avis* qui ne venait jamais pour le Roi. »

A ce moment, la porte de la bibliothèque s'ouvrit,

le général D... entra ; il venait annoncer que lady C... (une des grandes dames de la cour d'Angleterre) demandait si le Roi voulait bien la recevoir.

» — Assurément, dit le Roi, je la recevrai avec plaisir ; mais priez-la d'avoir l'obligeance de m'attendre quelques minutes au salon... Dites que je suis avec un compatriote ; elle me pardonnera mon apparente impolitesse. »

Le général D... sortit.

Le Roi me dit en souriant :

— « Je vous raconte-là des histoires qui, peut-être, ne vous intéressent guère?...

» — Elles m'intéressent au plus haut point Sire, et je ne saurais dire à Votre Majesté combien je suis touché de la bonté qu'elle a de m'initier à ces précieux détails, moi, inconnu...

— Inconnu, vous ! Mais vous venez de France, vous êtes un ami !... Et puis, je suis si heureux quand il m'est permis de repousser quelqu'une de ces basses calomnies sous le poids desquelles j'ai dû me courber en silence, tant que j'ai été Majesté ! Ah ! si le temps ne nous pressait pas, il est d'autres accusations encore qu'il m'eût été doux de réduire, en présence d'un compatriote, à leur juste valeur. L'histoire des *coupes sombres*, par exemple, de ces terribles *coupes sombres* à l'aide desquelles j'ai *ravagé* les forêts de l'État !...

» Mais qu'on les parcoure donc, ces forêts ! qu'on les fasse donc examiner par des hommes compétents, qui auront charge de reconnaître si jamais forêts ont été

aménagées avec plus de soin , plus d'ordre, plus d'éco-
nomie, et, il faut le dire, plus d'intelligence... J'accepte,
à l'avance le jugement de ces hommes. Fussent-ils les
plus ardents des républicains, s'ils ont le sentiment de
la justice, ils déclareront que tout ce qui m'a été confié
par l'État, je l'ai administré conformément à la vieille
et saine locution, *en bon père de famille !* Du reste ,
comme vous me le disiez tout-à-l'heure, on reconnaitra
toutes ces vérités un jour... La postérité me vengera !
Elle portera la lumière dans bien des obscurités faites
à plaisir... Et, à propos d'obscurités, vous souvient-il·
de la grande affaire du *quitus ?*

» —Elle a défrayé assez longuement les feuilles de l'opposition pour qu'un lecteur assidu de journaux n'ait pas
oublier cette interminable discussion.

» —Interminableest le mot , puisqu'on n'en a jamais
su la conclusion. Je vais vous la dire, car elle est curieuse.

» Vous vous rappelez qu'après des débats passionnés,
débats dans lesquels on fit rude guerre à ma cupidité
(ce vice, que mes amis eux-mêmes n'oseraient pas con-
tester, car la cupidité du Roi Louis-Philippe est aujourd'hui une sorte d'axiome), le ministre des finances
prit un arrêté qui déclarait le roi débiteur de quatre
millions envers l'Etat. M. de Montalivet fit appel de cette
décision devant le conseil d'Etat. Oncques depuis n'entendis parler de l'affaire. Savez-vous pourquoi ? Parce
que l'avis du conseil d'Etat fut que le dernier mot de ce
compte se résolvait en un chiffre de cinquante et quelques mille francs, dont l'Etat se trouvait débiteur en-

vers moi. Quand le ministre des finances m'annonça cette conclusion, assez inattendue, je lui demandai à quelle époque il pensait faire ratifier cette décision par la Chambre. — Jamais, me répondit-il ; car si je revenais entretenir la Chambre du *quitus*, si j'osais surtout exprimer devant elle le blasphême de cinquante mille francs dus par l'Etat à Votre Majesté, il n'y aurait pas assez de boules noires dans l'urne pour renverser, séance tenante, le ministère dont j'ai l'honneur de faire partie.

» — Mais, Sire, reculer ainsi devant un devoir, c'était une insigne faiblesse !

» — Mon Dieu ! c'était de la politique... ministérielle. Le malheur de tout ceci, c'est qu'en me laissant exposé, sans défense, aux attaques les plus odieuses et les moins fondées, on préparait, sans s'en douter, la ruine, non pas d'un monarque, mais de la monarchie ; on faisait la place belle aux révolutions ; on creusait les voies au torrent de Février. Aussi, vous avez vu avec quelle prodigieuse facilité cet incroyable bouleversement s'est accompli ! Vous avez vu comme on a tenu peu de compte de la modération et du patriotisme dont, ma famille et moi, nous avons fait preuve dans cette grave circonstance ! Vous avez vu que la calomnie, loin de se taire, alors que je n'étais plus là, a puisé une nouvelle énergie dans mon malheur ! Je partais dénué de tout, et pendant ce temps on imprimait que, prévoyant de loin le coup qui devait un jour me frapper, je m'étais organisé à l'avance un exil doré. On disait, à quelques francs près, les millions expédiés pour mon compte en

Amérique et en Angleterre. On nommait mes banquiers. On disait de quelle rue j'étais propriétaire à New-York, de combien de *squares* à Londres. Le tout acheté avec les immenses économies que j'avais réalisées sur ma liste civile! Et comme un homme aussi millionnaire que je l'étais n'avait besoin de rien, on séquestrait mes biens! Ce que jamais je n'aurais autorisé, moi, contre le plus obscur citoyen de France, on se le permettait sans scrupule contre moi! On étendait la main sur le patrimoine de ma famille, sur les revenus qui étaient la propriété personnelle, propriété sacrée de mes enfans! Pauvres enfants! qu'avaient-ils fait eux? Existe-t-il en France un citoyen, un seul! placé haut ou bas qui ait plus aimé son pays qu'ils ne l'ont aimé? Est-il un soldat qui ait été plus prêt qu'eux à verser son sang pour la France?... Mais ils étaient mes fils! cela a paru suffisant pour les envelopper dans mon malheur. On a voulu que le Roi, la Reine et leurs enfants, ces grands criminels, manquassent de tout! On a voulu que, sur la terre d'exil, la famille d'Orléans sentît la pauvreté! Eh bien! que mes ennemis soient satisfaits, nous l'avons sentie!... Non pas que dans cette noble Angleterre les offres de service m'aient manqué, grand Dieu! Elles ont couru au-devant de moi, elles se sont déguisées sous les formes les plus bienveillantes et les plus ingénieuses; mais je les ai écartées. J'ai tenu à ce qu'il fût constaté que le Roi Louis-Philippe, le Roi qui a consacré Versailles à toutes les gloires de son pays, avait connu, ainsi que les siens, les privations les plus dures ! Et cela , parce qu'avant de lui rendre ce qui était à lui, bien à lui, les gouvernants de France avaient voulu regarder au fond de la fortune de ce nabab de la monarchie européenne. Curiosité inintelligente ! Car de cet examen, fait par des hommes qui n'étaient pas mes amis, que je sache, il est résulté que le nabab si parcimonieux avait fait de si singulières économies, sur les douze millions annuels de sa liste civile, qu'il descendait du trône avec *trente* millions de dettes !

» Et maintenant, je demande qu'on aille plus loin ; je demande qu'on recherche les diverses origines de ces dettes, et qu'après les avoir trouvées, *on les fasse connaître* à la France !... Mais croyez-moi, on ne fera pas cela ! non , on ne le fera pas ! »

Dire la vivacité, l'énergie, la conviction déployée par le Roi dans toute cette dernière partie de la conversation, est chose impossible.

Parfois cette parole si nette s'altéra sous l'émotion que le noble vieillard s'efforçait en vain de contenir ; parfois même ses yeux se gonflèrent , mais ce ne fut qu'une émotion d'un instant : la volonté du Roi dompta la sensibilité de l'homme.

Et quand, étendant la main vers le ciel, cómme s'il eût fait appel à la justice d'en haut, mon illustre interlocuteur prononça :

« On ne fera pas cela ! non , on ne le fera pas ! »

La voix était devenue ferme, et le visage, tout en res-

tant animé, avait repris son aspect tout à la fois grave
et bienveillant.

Ai-je besoin d'ajouter que cette conversation si curieuse, cette parole si abondante, si facile, si riche en
intonations diverses, me tenait sous le charme, et qu'a-
lors qu'elle avait cessé de se faire entendre, j'étais tenté
de dire :

« Encore ! »

Malheureusement le général D... avait reparu. Il
venait rappeler au roi que lady C... était toujours au
salon, et que lord John Russell venait d'y rentrer.

Je me levai.

Au nom de lord John Russell, le roi avait dit en souriant au général :

« Un ministre ?... Je ne le faisais pas attendre autre-
» fois. à plus forte raison ne le ferai-je pas aujour-
» d'hui... »

Puis se tournant vers moi :

— « Vous reverrai-je avant votre départ ?

» — Si je n'importune pas Sa Majesté, j'aurai l'honneur de venir lui adresser mes adieux.

» — Vous me ferez le plus grand plaisir.

Le Roi s'éloigna de quelques pas, puis revenant tout
à coup vers moi, il me dit :

« On prétend qu'on ne peut pas plaider par procureur.
» Malheureusement les Rois sont obligés de ne plaider
» que de cette façon. Aussi perdent-ils souvent leur
» cause. Quant à moi, je me figure que si j'avais eu le
» droit de plaider *moi-même*, devant la France, j'au-

» rais gagné mon procès. Le talent est une belle chose,
» sans doute, et il y a dans l'opposition des orateurs et
» des écrivains qui en ont beaucoup ; mais la vérité,
» voyez-vous, est bien autrement forte que le talent ! »

Parvenu à la porte, le Roi se retourna, et me faisant
de la main un signe amical :

« Au revoir, n'est-ce pas? Je compte sur votre promesse. »

Quelques jours après, comme je devais repartir pour
Paris, je revins à Claremont.

Le château était désert.

L'indisposition des princes et des princesses avait
pris un caractère des plus sérieux, et la famille s'était
retirée à Richmond.

J'y courus.

A la station de Richmond, j'entendis un employé parler français ; je lui demandai la demeure de la famille
d'Orléans. Il me l'indiqua. C'était... une auberge !

Je m'y rendis.

Là, j'appris qu'on avait eu, pendant quelques jours,
les plus vives inquiétudes. Le prince de Joinville, surtout, avait été torturé par d'effrayantes convulsions.
Enfin, grâce aux soins éclairés et affectueux du docteur
Guéneau de Mussy, tout danger avait disparu.

On me dit que le Roi, qui n'avait pas quitté un seul
instant le chevet de son fils, était brisé de fatigue.

Je m'éloignai sans avoir cherché à le voir. Je ne voulais pas qu'on pût me reprocher d'avoir poussé l'intérêt
jusqu'à l'indiscrétion.

Le lendemain je partais pour Paris, où j'arrivai tout juste pour assister à cette fête brumeuse, pluvieuse et neigeuse qu'on a appelée la Fête de la Constitution.

J'avais laissé la Royauté dans une auberge, je vis M. Marrast sous un dais.